AF582102

MÉMOIRE

SUR LE PROVISOIRE.

POUR le Sieur DE VEDEL-MONTEL, Chevalier de Saint-Louis, Major du Régiment Dauphin, Infanterie;

CONTRE M. le Maréchal DUC DE RICHELIEU.

LE cruel devoir que celui que m'impose M. le Maréchal Duc de Richelieu, lorsqu'il me réduit à l'affreuse nécessité de me justifier, à la face de l'Univers, du plus horrible, du plus humiliant soupçon, & lorsqu'il m'oblige à voir en lui mon Accusateur, celui à qui je dois, & la flétrissure d'un décret & la perte de ma liberté!

Personne ne respecta jamais plus que moi, & les dignités éminentes dont il est revêtu, & les qualités personnelles qui les lui ont méritées. J'ai admiré sa valeur à la tête des combats. J'avois du plaisir à en affronter les dangers, en voyant la noble intrépidité avec laquelle il y marchoit. Il eſt mon ſupérieur. Je l'ai cru pendant long-temps mon protecteur; pourquoi ai-je la douleur de le voir appéſantir ſur moi le poids de ſes dignités & de ſon crédit pour me perdre, lorſque je croyois avoir tant de raiſons de compter ſur ſes bontés pour mon avancement?

M. le Maréchal ſait mieux que perſonne ce qu'eſt l'honneur; ce qu'il eſt pour tout citoyen; ce qu'il doit être pour un Militaire. Il le ſait, puiſqu'il eſt chaque jour aſſis à la tête du Tribunal établi pour en juger; & quoiqu'il ſoit mon Accuſateur, il me mépriſeroit, il me condamneroit, ſi, lorſque le mien eſt attaqué, je ne le défendois pas. Je le défendrai donc parce qu'il eſt mon bien, & que ſans lui je ne puis exiſter; mais je n'oublierai, ni le reſpect que je dois à mon ſupérieur, ni la reconnoiſſance que je dois à mon protecteur, & qu'ont excitées en moi les différentes marques qu'il a bien voulu me donner de ſes bontés.

M. le Maréchal prétend que les Billets que Madame de Saint-Vincent dit être de lui, & tenir de lui, ſont faux: Madame de Saint-Vincent, au contraire, ſoutient qu'ils ſont vrais, & qu'elle les tient de la main même de M. le Maréchal, qui les lui a donnés. De quel côté eſt la vérité? Je dirai avec la ſimplicité du Berger: *non noſtrum inter vos tantas componere lites.* J'ai lieu de croire que Madame de Saint-Vincent dit vrai, parce que j'ai des connoiſſances particulieres, qui ſemblent ne pas me permettre d'en douter; mais dois-je penſer que M. le

Maréchal en impose? Sans prendre parti ni pour l'un, ni pour l'autre, puisque je suis forcé de m'expliquer dans une affaire où je n'ai point d'intérêt, & où je ne devois être pour rien, je rendrai compte de ce que je sai, de ce que j'ai vu. M. le Maréchal ignore, sans doute, quelle a été ma conduite; il ne m'auroit certainement pas soupçonné, s'il en eût été instruit. Que ne m'en demandoit-il compte, avant de me charger de fers? Que ne me traduisoit-il, pour cela, au Tribunal de l'honneur? Je n'en veux point d'autre Juge que lui; je vais lui en faire le tableau; il voudra bien prononcer ensuite, & juger si j'ai mérité l'opinion qu'il a donnée de moi dans le public, & tout ce que j'éprouve.

J'ai eu l'honneur de faire la connoissance de Madame de Saint-Vincent à Poitiers : elle y étoit au Couvent. J'y commandois, moi, le Régiment Dauphin. La bonté de son cœur, l'intérêt qu'elle voulut bien prendre au sort de quelques soldats, qu'elle me recommanda, en fut l'occasion. Je fis, à sa recommandation, ce que mon devoir me permettoit; elle voulut bien m'en savoir gré. Je lui rendis visite, comme lui en rendoient les personnes les plus distinguées, & insensiblement nous nous trouvâmes liés.

J'avois ouï parler dans la Ville, de sa parenté & de ses liaisons avec M. le Maréchal de Richelieu. Elle me parla du crédit qu'elle avoit auprès de lui, de ce qu'il avoit bien voulu faire, à sa recommandation, pour quelques perſonnes à qui elle s'étoit intéreſſée, & m'offrit ſes ſervices.

Des raiſons particulieres, que M. le Maréchal n'ignore pas, me faiſoient alors deſirer un prompt avancement, & une place plus avantageuſe à laquelle j'avois lieu d'aſpirer après plus de trente années de ſervice. M. le Maréchal pouvoit être pour moi, dans cette circonſtance, un protecteur précieux. J'acceptai les offres honnêtes & obligeantes de Madame de Saint-Vincent, & je la priai de vouloir bien employer ſes bons offices pour l'intéreſſer à mon ſort.

Dois-je croire ce que j'apprends de différentes parts, que M. le Maréchal dit ne me pas connoître, ne m'avoir jamais vu, & avoir à peine entendu prononcer mon nom? M. le Maréchal a tant d'affaires; il eſt ſi connu pour être bon, & tant de perſonnes ont recours à lui, qu'il n'eſt pas étonnant qu'il en oublie beaucoup : il aime à oublier le bien qu'il a fait, & c'eſt ſans doute la plus belle preuve qu'on puiſſe avoir de la candeur & de la nobleſſe de ſon ame : mais il ſe rappellera certainement, ſinon que j'ai eu l'honneur de lui parler à Poitiers, & d'y ſouper avec lui chez M. l'Intendant de cette Ville, du moins qu'il a eu la bonté de parler en ma faveur à M. le Duc d'Aiguillon, alors Miniſtre de la Guerre; à M. le Duc de la Vauguyon, mon Colonel; au ſieur Charlot; à d'autres perſonnes encore.

Il ſe rappellera certainement qu'il m'a fait l'honneur de m'écrire, que j'ai eu celui de lui écrire moi-même, & qu'il a reçu mes lettres, puiſque je les avois portées moi-même à la poste, & qu'il y a fait réponse.

Il se rappellera certainement encore qu'une personne que j'avois priée de le solliciter de ma part, a eu l'honneur de lui parler à Versailles pour moi; qu'il n'a point dit alors ni qu'il ne me connoissoit pas, ni qu'il ne prenoit aucun intérêt à mon avancement, & qu'il a même autorisé la personne qui lui parloit, par une lettre, à solliciter en son nom, pour moi, ce que je demandois au Bureau de la Guerre.

Tous ces faits, toutes ces démarches, dont je lui aurai une reconnoissance éternelle, se retraceront dans sa mémoire. Je n'insiste pas davantage. Je reviens à Madame de Saint-Vincent.

Elle avoit bien voulu me promettre de s'intéresser pour moi auprès de M. le Maréchal; elle me tint parole: elle lui écrivit pour cet effet, en ma présence, une lettre que je vis cacheter, & que je portai moi même à la poste, à son adresse; & peu de temps après elle me fit voir une réponse obligeante. Elle eut la bonté de renouveller ses instances, tant dans plusieurs autres Lettres, que j'ai vues également, que de vive voix, lors de différentes visites que lui fit M. le Maréchal, & c'est sur ces recommandations que M. le Maréchal voulut bien faire les démarches que je viens de lui rappeller. Elles n'ont point produit l'effet que j'en espérois: ce que je demandois étoit apparemment trop difficile à obtenir; ma reconnoissance n'en est pas moins vive.

Cependant les premieres marques de bonté de Madame

de Saint-Vincent m'en avoient attiré d'autres : elle avoit bien voulu m'eſtimer aſſez pour croire que je méritois ſa confiance, & elle en avoit eu aſſez pour me faire part d'une partie de ſes ſecrets avec M. le Maréchal. J'avois ſu que c'étoit lui qui, par ſon crédit, l'avoit tirée de Milhaud pour la faire venir d'abord à Tarbes, & enſuite à Poitiers, où le ſieur Auvray, Sécrétaire de l'Intendance, lui avoit fait préparer, par ſes ordres, l'appartement qu'elle occupoit. Elle me fit voir des Lettres qui contenoient les plus grandes promeſſes, des Lettres que je la voyois recevoir des mains des Couriers, tantôt de Bordeaux, tantôt de Paris, ou des autres lieux où il ſe trouvoit, & où il étoit queſtion d'argent, & même de ſommes très-conſidérables, qu'il devoit lui faire toucher.

Le même motif de confiance l'engagea à me faire part également de quelques petits embarras où elle ſe trouvoit pour le moment. M. le Maréchal, dans les lettres dont elle me donnoit la lecture, paroiſſoit lui promettre beaucoup ; mais ces promeſſes ne ſatisfaiſoient pas les beſoins préſens, & elle en avoit. J'aurois cru manquer au plus ſacré des devoirs, que de ne pas lui offrir ma bourſe dans cette circonſtance, après ce qu'elle avoit bien voulu faire pour moi. Je la preſſai d'y puiſer, & elle le fit.

Je dois faire ici à Madame de Saint-Vincent un petit reproche, dont je la prie de ne pas s'offenſer. Elle eſt grande, noble, généreuſe ; mais à l'excès. Son ame tendre & compatiſſante ne connoît point aſſez les régles d'une ſage économie. Bientôt ma bourſe ne ſe trouva pas aſſez remplie : j'eus recours à celle de mes amis pour l'obliger. J'étois ſi perſuadé de la vérité des promeſſes de M. le Maréchal, & je croyois ſi fermement qu'elles alloient de jour en jour s'effectuer, qu'il n'y a point d'engagement que je n'euſſe contracté dans cette croyance. Combien mon trop de confiance ne m'a-t-il pas couté !

Pour tirer Madame de Saint-Vincent d'embarras, je m'y étois mis moi-même. Mes amis, à qui j'avois eu recours, ne me preſſoient pas à la vérité; mais plus ils étoient honnêtes, plus je ſentois qu'il étoit tems de leur rendre ce qu'ils m'avoient ſi généreuſement prêté. Je ſavois que Madame de Saint-Vincent, brouillée avec ſa famille, ne pouvoit me rendre que ſur ce que lui promettoit M. le Maréchal, & lorſqu'elle l'auroit reçu. Je fus obligé de la prier de redoubler ſes inſtances auprès de lui, pour qu'il ne la fît pas attendre plus long-tems.

J'allai plus loin après un certain tems. Comme j'avois appris à connoître ſa délicateſſe, je craignis qu'elle ne l'empêchât de preſſer aſſez M. le Maréchal. Pour m'aſſurer qu'elle le faiſoit, je voulus voir les lettres qu'elle lui écrivoit : je voulus les voir cacheter : je voulus les porter moi-même à la poſte.

Je fis plus encore : j'eus l'attention de me trouver chez elle aux heures ordinaires de l'arrivée des couriers. Je voulus voir les lettres qu'ils apportoient de M. le Maréchal : je les vis décacheter : j'en décachetai moi-même plusieurs, & je demeurai convaincu du fait, que M. le Maréchal promettoit réellement de prompts secours à Madame de Saint-Vincent, & que Madame de Saint-Vincent ne me trompoit pas.

Cependant, malgré tout ce que j'avois fait, Madame de Saint-Vincent avoit d'autres créanciers qui la pressoient encore beaucoup plus que moi. Ne pouvant plus y tenir, elle en écrivit à M. le Maréchal ; & sur la réponse qu'elle en reçut, elle partit pour Paris sans rien payer.

J'avois eu occasion d'y venir avant elle. A son arrivée je la vis au Couvent de la Miséricorde, rue du vieux Colombier, où elle étoit logée : elle n'y jouissoit point encore d'une grande aisance, quoique M. le Maréchal y vînt & lui écrivît souvent. Mais elle m'assura, & me fit voir par des Lettres, dont elle me donna la lecture, qu'elle avoit les plus grandes & les plus solides espérances de voir bientôt son sort changé.

C'est ici que commence la fatale histoire des Billets. Je vais un jour chez Madame de Saint-Vincent, à son Couvent ; je lui trouve un air de gaieté & de satisfaction que je ne lui avois jamais vu. Eh bien, me dit-elle, vous voilà, avec votre méfiance & vos craintes ; à vous entendre, M. le Maréchal m'amusoit, ou mourroit avant que d'avoir rien fait pour moi : tenez & voyez. Je pris des mains de Madame de Saint-Vincent ce qu'elle me présentoit, & je lus. C'étoit un Mandat de 300000 liv.

à

à ſon profit, ſur le ſieur Peixotto, Banquier, ſouſcrit du nom de M. le Maréchal de Richelieu, & d'une écriture pareille à celle que j'avois vue cent fois dans les Lettres qu'elle recevoit.

Je demande pardon à M. le Maréchal : il ne s'étoit point encore inſcrit en faux contre tous les Billets ou Mandats ſignés de ſon nom; je crus que celui que je voyois étoit de lui, & j'en fis mon compliment à Madame de Saint-Vincent. Elle me raconta comment M. le Maréchal le lui avoit donné; l'uſage qu'il lui avoit dit d'en faire pour ſe procurer le moyen d'emprunter en le montrant; la défenſe qu'il lui avoit faite de le laiſſer ſortir de ſes mains juſqu'à ce que le tems lui permît de le retirer en lui en remettant les fonds, & il ne me vint, je l'avoue, pas le moindre doute que le Mandat ne fut vrai.

Il portoit (je m'en rappelle les termes) : » je prie M. » Peixotto de payer à Madame la Préſidente de Saint- » Vincent les 300000 livres *qui lui appartiennent* «. Madame de Saint-Vincent le fit voir à quelques perſonnes plus inſtruites que moi ſur cette matiere : elle rendit à M. le Maréchal ce qu'on lui en avoit dit, qu'il n'étoit point dans une bonne forme; & ſur la réponſe qu'il lui fit qu'elle n'avoit qu'à lui en donner un modéle & qu'il le ſigneroit, elle me pria de lui en procurer un.

J'en parlai à M. Desgouttes, Avocat, que je connoiſſois depuis très-long-temps, & que je rencontrai au Luxembourg, un jour que j'y allois dîner avec Madame de Saint-Vincent. Je lui dis, ſans lui nommer les perſonnes, que je connoiſſois une Dame à qui un Monſieur vouloit faire un Billet au porteur, & ſur la priere que je lui fis, de m'en donner un modéle, il me le fit. Madame de Saint-Vincent, qui étoit préſente, l'envoya auſſi-tôt à M. le Maréchal, & peu de jours après je le revis entre ſes mains avec la ſignature.

Ce Billet étoit, autant que je puis m'en ſouvenir, payable en Septembre 1773. M. le Maréchal qui avoit toujours recommandé qu'on ne s'en déſaisît point, ne ſe trouva pas, à cette époque, avoir des fonds pour le payer: il promit, pendanr pluſieurs mois, de le payer de jour en jour, & finit par propoſer d'en faire un autre à plus longue échéance.

On ſent bien qu'il n'étoit pas poſſible à Madame de Saint-Vincent, dans la poſition où elle ſe trouvoit, de refuſer aucun des arrangemens qu'il propoſoit. Qu'auroit-elle fait contre tout ſon crédit? Elle imagina qu'il lui ſeroit plus commode de payer en cinq termes les 300000 livres; que de les payer en un ſeul; & en conſéquence, au lieu d'un ſeul Billet de 300000 livres, elle en fit faire ſix, un de la ſomme entiere & cinq de 60000 livres chácun, & les envoya tous les ſix à M. le Maréchal, dans une Lettre, où elle le prioit de lui renvoyer ſignés, ſoit celui de 300000 livres, ſoit les cinq revenants à la même ſomme de chacun 60000 livres.

Ces ſix modéles de Billets furent faits & écrits par M. Delatour, Avocat: j'étois préſent; je les vis mettre, avec la Lettre, dans un paquet, à l'adreſſe de M. le Maréchal, & je les portai moi-même auſſi-tôt à ſon Hôtel.

C'étoit, je crois, dans le mois de Novembre 1773; j'allai le lendemain, chez Madame de Saint-Vincent, & je revis entre ſes mains, le Billet de 300000 liv. & deux des cinq de 60000 livres, ſignés de M. le Maréchal de Richelieu, avec le *bon pour* au bas de chacun, & une Lettre de la même écriture que celle que j'avois vue tant de fois, par laquelle il lui marquoit autant que je me le rapplle : » Je vous envoie, ma chere couſine, votre » Billet ſigné, & deux; avec l'un vous payerez vos » dettes; vous remettrez l'autre à votre tiers, pour lui » payer ce que vous lui devez; mais n'en parlez à per- » ſonne, & n'en vendez point d'un an. J'aime toujours » bien ma chere couſine ».

Je reconnus parfaitement ces Billets pour être ceux que j'avois vus & portés la veille à l'Hôtel de M. le Maréchal; Madame de Saint-Vincent me raconta qu'ils lui avoient été apportés par Saint-Jean, un des Laquais de M. le Maréchal, & le fait me fut à l'inſtant même, confirmé par l'Aumônier du Couvent, qui étoit avec elle au moment où le Laquais arriva.

Je demande, encore une fois, pardon à M. le Maréchal; je peux m'être trompé; mais il ne me vint pas encore alors le plus petit doute que les Billets ne fuſſent ſignés de lui, & que ce ne fût lui qui les avoit envoyés.

Il avoit recommandé à Madame de Saint-Vincent de ne point parler de ce qu'il avoit fait, & ſur-tout de ne vendre aucun des Billets avant un an; le beſoin, qui rarement connoît les procédés & les égards, la contraignit d'en agir autrement pour cette fois : elle pria l'Aumonier du Couvent de lui procurer, s'il étoit possible, la vente secrette de l'un des deux de 60000 livres, & la négociation s'en fit peu de jours après avec le sieur Préville, par l'entremise de Me Guespreau, Notaire, son gendre.

Comme j'ai promis d'être exact, je ne dois pas omettre ici une circonstance, qui est, qu'avant de se décider à donner son argent, le sieur Préville voulut prendre la précaution, bien naturelle, de s'assurer si le Billet étoit bon, & la signature véritable, & que ce ne fut qu'après que la vérification en eut été faite en sa présence, chez Me Dumoulin, Notaire de M. le Maréchal, qu'il se décida.

Il restoit à Madame de Saint-Vincent le Billet de 300000 livres, & l'un des deux de 60000 livres; le premier lui ayant paru trop considérable pour s'en procurer aisément la valeur, dans le cas où elle voudroit un jour le vendre, elle le fit couper en différens petits Billets de 20, 25, 30, 40, 45000 livres, dont elle fit faire les modéles, que je la vis le lendemain rapporter, signés de M. le Maréchal, qui les lui avoit remis chez lui, d'où elle sortoit, en même-tems qu'elle avoit déchiré, en sa présence, celui de 300000 livres.

Les dettes qu'elle avoit été obligée de contracter depuis qu'elle comptoit sur les promesses de M. le Maréchal, étoient trop considérables pour que le produit du

Billet de 60000 livres vendu, pût ſuffire à tout. Comme M. le Maréchal n'avoit point été inſtruit de cette premiere vente ; elle eſpéra qu'il ne le ſeroit pas davantage d'une ſeconde. Elle me pria de préſider à la négociation qu'elle vouloit faire d'un Billet de 25000 livres, & ſur l'obſervation que fit le Marchand, comme l'avoit faite M. de Préville, qu'il vouloit avant que de conclure, vérifier la ſignature, je l'accompagnai lui & l'Agent de la négociation, juſques à la porte de Me Dumoulin, Notaire, chez lequel ils entrerent, tandis que je reſtai dans la voiture, où ils revinrent me rejoindre le moment après, en me diſant que le Billet étoit bon, & que le Notaire l'avoit aſſuré.

Il y a encore ici une petite obſervation que je prie M. le Maréchal de me permettre. Je croyois être ſi ſûr de la vérité du Billet, que le Marchand m'ayant propoſé de la lui garantir par un écrit, je n'héſitai pas à le faire. Je dis tout. M. le Maréchal ne demande qu'à être inſtruit : il ne peut m'en ſavoir mauvais gré.

La ſcène ne va pas tarder à changer, & à devenir terrible. Madame de Saint-Vincent ayant encore vendu & voulu vendre quelques autres Billets, M. le Maréchal en eſt inſtruit. Il étoit à Bordeaux. On lui marque qu'il court ſur le pavé de Paris des billets pour des ſommes immenſes, qu'on dit être de lui, & il en écrit à cet inſtant à Madame de Saint-Vincent, non pas pour lui dire qu'il eſt étonné d'apprendre qu'elle dit avoir des billets de lui, & qu'il ne lui en a point fait, mais pour la prier de ſe joindre au ſieur Marion & au Magiſtrat de Police, & de les aider à découvrir ce *maquignonage*. Je n'ai point oublié cette derniere expreſſion ni la tournure de la lettre qui m'a frappé. Madame de Saint-Vincent l'a, par malheur pour elle, perdue à ce qu'elle m'a dit. Je crois qu'elle auroit pu en tirer de grands avantages; mais cela ne m'intéreſſe point. Je reviens à ce qui me regarde.

Aſſuré de la vérité du fait, que Madame de Saint-Vincent négocioit ſes billets, M. le Maréchal foudroye. Il obtient un ordre du Miniſtre: la Baſtille s'ouvre, & ce lieu deſtiné pour les criminels d'Etat, reçoit Madame de Saint-Vincent.

On avoit d'abord commencé par faire perquiſition dans ce qu'elle avoit de plus ſecret; on entend des témoins, on l'interroge enſuite, & on finit par lui rendre ſa liberté.

Juſques alors je n'avois été que témoin. M. le Maréchal prend une autre voie. Il rend plainte en faux principal; fait entendre des témoins, qui diſent que j'ai eu part à la négociation de quelques-uns des billets qu'il prétend faux; & comme ſi cette négociation, à laquelle je n'avois aucun intérêt, & dont je ne m'étois mêlé que pour obliger Madame de Saint-Vincent, pouvoit jamais être un crime quand même les billets ſeroient jugés faux, on me décrete, ſans autre examen, de priſe de corps, & on me jette dans les fers.

Il eſt vraiſemblable, & j'aime à croire que M. le Maréchal n'avoit point été conſulté, & que quoique cet horrible décret porte qu'il n'a été décerné qu'*à ſes riſ-*

ques., périls & fortune, ce qui ſemble annoncer une eſpéce de compoſition entre lui & le Juge, il ne l'a point ſollicité. Je ne veux point néanmoins non plus rejetter ſur le Magiſtrat, dont on connoît la droiture, l'odieux de cette injuſtice. Mon malheur, ſans doute, la fatalité de mon ſort, m'a ſeul précipité où je ſuis.

J'ai promis de rendre à M. le Maréchal le compte le plus fidele de ma conduite. J'ai rempli ma promeſſe. J'ai ajouté que je ne voulois point d'autre Juge que lui; j'oſe le prier en ce moment de vouloir bien prononcer.

Son accuſation peut porter contre moi ſur deux chefs. J'ai contribué à la vente de quelques-uns des billets, & je les ai cru de lui, ainſi que les lettres qui les annoncent, quoique, ſelon lui, les uns & les autres ſoient faux.

Je le prie de permettre que je rappelle ici une obſervation que j'ai déjà faite, & qu'il eſt important de ne pas perdre de vue. Lorſque je me ſuis mêlé de la vente des billets, & lorſque j'en ai atteſté la vérité, ſon accuſation n'étoit point encore intentée. Ce ſeul mot, je crois, fait ma juſtification. Je me ſuis mêlé de la vente des billets comme toute perſonne honnête, comme toute ame ſenſible & obligeante que Madame de Saint-Vincent en auroit priée, l'auroit fait. Je m'en ſuis mêlé, parce que je les croyois vrais, & que M. le Maréchal n'avoit point encore prétendu qu'ils fuſſent faux: & je les croyois en effet tellement vrais, que lorſque j'ai été prié d'en garantir la vérité par un écrit, je n'ai pas héſité de le faire.

Si je me ſuis rendu criminel par-là, ſi, quand même M. le Maréchal parviendroit à faire déclarer les billets faux, on juge que j'ai mérité l'horreur de la priſon, & que je mérite d'y être retenu, quel eſt le Citoyen qui ne doit pas trembler, quoiqu'ayant les intentions les plus droites & les plus pures ? J'ai cru les billets vrais ainſi que les lettres : s'ils ne l'étoient pas, je me ſerois trompé, j'aurois été dans l'erreur. M. le Maréchal oſeroit-il en conclure que j'ai fait un crime ?

D'abord, me permettra-t-il de lui faire une courte interpellation ? Il eſt franc, ſans doute, ſincere, ſans détours & ſans artifices. Si une perſonne, du nombre de celles qu'il eſtime & qu'il croit honnêtes & incapables d'une baſſeſſe, lui montroit des billets, & lui diſoit : Ces billets ſont d'un tel, que vous connoiſſez, & avec lequel vous ſavez que je ſuis en liaiſon, que feroit-il ? Je lis dans ſon ame. Il commettroit le crime dont il m'accuſe. Il croiroit les billets vrais, & ne penſeroit pas même à ſoupçonner qu'ils puiſſent ne le pas être. Que ſeroit-ce donc, s'il avoit, pour ſe perſuader qu'on ne lui en impoſe pas, toutes les raiſons particulieres que j'avois & que j'aurai toujours, de croire que les billets & les lettres, qu'il nie, ſont véritablement de lui ?

J'ai rendu compte d'une partie des circonſtances qui ſont cauſe que je ſuis, ſur cet article, d'une obſtination dont je ſens que rien, pas même le reſpect, dont je ſuis pénétré pour M. le Maréchal, & l'idée que j'ai de ſa franchiſe

chiſe ne me guérira jamais. Voici ce qui regarde les Lettres :

J'en voyois arriver à Madame de Saint-Vincent, de tous les lieux où étoit M. le Maréchal ; je la voyois les recevoir des mains des Couriers ; elle les décachetoit en ma préſence ; je les décachetois moi-même quelquefois, lorſqu'elle me le permettoit, & j'y voyois quelquefois la ſignature, *le M. Duc de Richelieu*, & toujours l'écriture pareille à celle des Lettres au bas deſquelles étoit cette ſignature ; j'y avois lû pluſieurs fois : ma chere couſine, j'arriverai un tel jour, & j'avois vu le couſin, M. le Maréchal, arriver au jour marqué. A peine étoit-il arrivé, que je voyois venir de petits Billets où je liſois : ma chere couſine, j'irai vous voir à une telle heure, & effectivement à l'heure indiquée, je voyois ariver, chez ſa couſine, M. le Maréchal.

Pouvois-je douter après cela, que les Lettres ne fuſſent véritablement de M. le Maréchal ? Le Pyrrhonien le plus obſtiné ne l'auroit-il pas cru ?

Ce n'eſt pas tout encore. Madame de Saint-Vincent écrivoit à M. le Maréchal : j'avois vu pluſieurs fois les Lettres ; j'en avois vu pluſieurs où elle lui parloit de l'argent qu'il lui promettoit ; je les avois vu cacheter à ſon adreſſe, pour les lieux où j'étois inſtruit qu'il étoit ; je m'étois moi-même chargé nombre de fois de les mettre à la poſte, & j'avois vu enſuite arriver les réponſes. Les Martyrs de la Foi ont-ils jamais eu plus de raiſons de perſiſter dans leur croyance ?

Voilà ce qui concerne les Lettres. A l'égard des Billets, pouvois-je plus raisonnablement avoir des doutes? J'avois vu, dans nombre de Lettres, M. le Maréchal parler d'argent qu'il devoit faire toucher à Madame de Saint-Vincent: elle me fait voir un Mandat de 300000 liv. qu'elle avoit, écrit en entier du même caractere que les Lettres, & souscrit comme grand nombre d'elles, *le M. Duc de Richelieu.* Ce Mandat n'étant pas dans une bonne forme, j'en vois faire un autre : je vois Madame de Saint-Vincent le mettre sous une enveloppe, avec une Lettre à l'adresse de M. le Maréchal de Richelieu : je vois partir le paquet, & le lendemain je revois le même Mandat signé, entre les mains de Madame de Saint-Vincent.

A l'échéance de ce second Mandat, M. le Maréchal ne l'acquitte pas. Je vois faire six modéles de Billets au porteur, l'un de 300000 liv. & cinq de 60000 livres : je les vois mettre encore à l'adresse de M. le Maréchal : je les porte moi-même à son Hôtel, & le lendemain matin j'en revois trois ; celui de 300000 liv. & deux des cinq de 60000 liv. signés, *le Maréchal Duc de Richelieu.* J'apprends d'un témoin digne de foi, qui étoit présent, qu'ils ont été apportés par un Laquais de M. le Maréchal, vétu de sa livrée : je vois une Lettre d'envoi que je reconnois pour être de la même écriture. Pouvois-je encore douter?

Madame de Saint-Vincent trouve le Mandat de 300000 livres trop considérable : elle en fait faire, en ma présence, de plus petits montants à la même somme : elle les fait passer à M. le Maréchal, & peu de jours après je la vois revenir de son Hôtel rapportant les mêmes Billets signés de lui. J'ai dit que je m'en rapportois à M. le Maréchal, veut-il bien actuellement prononcer, & juger si j'ai pu & si je peux ne pas croire ce que je crois?

Je ne parle pas de ce qui s'est passé lors de la négociation des Billets; de la reconnoissance qui en a été faite en ma présence par Me Dumoulin, Notaire de M. le Maréchal; de celle que j'ai su en avoir été faite par son Contrôleur, ses Avocats au Conseil & au Parlement, son Intendant, &c. Combien de preuves! & si j'ai été trompé après tout cela, que la foiblesse des vues humaines me semble à plaindre!

Je pourrai peut-être, dans la suite, ajouter un nouveau dégré d'évidence à la force de ces preuves. J'en ai dit assez, sans doute, pour un Provisoire, & pour que mes Juges ne balancent pas à rompre mes fers.

Vainement les Gens d'affaires de M. le Maréchal seront-ils des efforts pour s'y opposer en cherchant à me rendre suspect, & en alléguant que les Lettres qui se sont trouvées sous les scellés, annoncent, entre Madame de Saint-Vincent & moi, une intimité qui peut faire présumer que, s'il y a du faux, j'en suis le complice. Je demanderai un jour vengeance de ce soupçon, & de la noirceur qu'on a eu de m'enlever & de rendre presque publiques des choses qui n'étoient que pour moi; des choses qui n'intéressoient que moi, & qui n'ont aucune sorte de rapport avec les Billets. Madame de Saint-Vincent est la petite-fille de la célébre Madame de Sévigney:

elle a, comme ſon ayeule, l'imagination vive & brillante: elle s'eſt amuſée à m'en écrire les jeux : ce n'étoit que pour moi qu'elle écrivoit. N'eſt-il pas horrible que ſous prétexte d'une accuſation, que rien n'étaye & que tout combat, on ait permis à notre Accuſateur de pénétrer dans tout ce qu'il pouvoit y avoir de plus ſecret entre elle & moi ? Il eſt certain qu'on n'y a rien trouvé qui ne tende à prouver la vérité des Billets ; mais il l'eſt plus encore qu'on n'y trouvera jamais rien qui ne démontre, & ma bonne foi, & l'injuſtice évidente de la perſécution que j'éprouve.

Monſieur DOÉ DE ÇOMBAULT, *Rapporteur.*

Me JOLLY l'aîné, Avocat.

De l'Imprimerie de C. SIMON, Imprimeur de LL. AA. SS. Meſſeigneurs le Prince de CONDÉ, le Duc de BOURBON, & de l'Archevêché, rue des Mathurins. 1774.

www.ingramcontent.com/pod-product-compliance
Lightning Source LLC
LaVergne TN
LVHW050511160826
845677LV00003B/1073

* 9 7 8 2 3 2 9 6 1 9 8 9 7 *